JN409436

절정은 바람을 타고

한양정 첫 번째 시집

절정은 바람을 타고

한양정 시집

발행처 도서출판 국보
발행인 임수홍
편 집 유성희, 조윤실
디자인 최정숙

인쇄 2013년 8월 16일
발행 2013년 8월 22일

발행처 도서출판 국보
주소 서울시 강동구 길동 395-3 2층
전화 02-476-2757~8, 7260 **FAX** 02-476-2759
카페 http://cafe.daum.net/lsh19577
E-mail kbmh11@hanmail.net

값 8,000원

ISBN 978-89-93533-52-1 03800

「이 도서의 국립중앙도서관 출판시도서목록(CIP)은 서지정보유통지원시스템 홈페이지(http://seoji.nl.go.kr)와 국가자료공동목록시스템(http://www.nl.go.kr/kolisnet)에서 이용하실 수 있습니다.(CIP제어번호: CIP2013015963)」

◈ 시집을 열며 ◈

19살 생일을 앞두고 있는 지금 저에겐 이 시집이 더할 나위 없이 기쁜 생일 선물입니다. 항상 꿈꿔 왔던 일었는데 막상 현실로 다가오니 가슴이 두근거리면서 기대도 되고 걱정도 됩니다. 그리고 이렇게 첫 시집을 내는 것은 슬프고 아픈 상처를 가진 자들을 치유해 주고픈 저의 간절한 소망을 향한 첫걸음이기도 합니다. 이번 시집을 계기로 앞으로도 계속 성장하는 시인이 되고 싶습니다.

시를 쓰다보면 혼자 상상에 빠지다 못 쓰는 날도 있고, 마음에 들지 않아 스스로 질책한 날도 더러 있습니다. 아직은 경험 면에서나 사고방식 면에서 어른들에 비해 부족하기 때문이겠지요. 하지만 소재는 다르더라도 서로가 느끼는 감정은 별 차이가 없다고 생각합니다. 그렇기에 이 시집을 읽는 독자들 또한 재미있게 혹은 감동을 느끼며 시를 읽을 수 있을 거라 생각합니다. 특히나 꿈과 희망에 대해 좀 더 많은 소재를 활용한 만큼 어린 독자들은 그 안에서 공감을 얻을 수 있을 거라 생각합니다. 또한, 어른인 독자들은 그 안에서 옛 시절의 자신의 꿈을 다시 한 번 그려보며 앞으로 나아갈 인생에 대해 다시 자신감을 가질 수 있기를 바랍니다.

꿈과 희망 외에도 첫사랑, 그리고 고달픈 인생 속에서 찾는 또 다른 인생 등 다양한 주제로 이야기를 풀어내려 노력했습니다. 비록 첫사랑을 경험해보지는 못했지만 책 속에서 배우고 느낀 감정을 바탕으로 시를 써냈다는 것에 대해서 시인으로서 한 발자국 더 성장할 수 있었던 좋은 경험이었습니다.

부족함이 많은 제가 이렇게 용기를 내어 작은 시집이나마 낼 수 있었던 것은 어릴 적부터 지금까지 저에게 꿈을 주시고 응원해주신 많은 분들이 계신 덕분입니다.

수업시간에 제 일기를 읽어주며 칭찬해주시던 한주연 선생님(4학년 담임), 제 인생의 터닝 포인트인 일기공모전에서 입상까지 할 수 있게끔 추천해주셨던 정문희 선생님(5학년 담임), 단순한 일기 형식이 아니라 매일 다른 주제와 형식을 통해 다방면으로 글을 익히게끔 도와주신 최지영 선생님(6학년 담임). 그리고 중2 국어시간 매달 치른 수행평가를 통해 글을 쓰고 사고를 넓히는 데 많은 도움을 주신 진영화 담임선생님, 그리고 고등학생이 되어 미국으로 유학을 갔다 온 뒤 갈피를 못 잡는 저에게 늘 "할 수 있어."라는 말과 함께 엄마처럼 용기를 주시던 최갑선 선생님(1학년 담임), 학업 향상에 많은 힘이 되어 주시고 과거보다 앞으로의 창창한 미래가 있다며 큰 희망을 주던 자상하신 김형곤 선생님(2학년 담임), 문학에 대해 보다 큰 관심과 흥미를 갖게 해주셨던 박현주 선생님, 상담을 자주 해주시고 저의 여러 활동들을 칭찬하고 격려하며 응원해주시는 명전호 선생님(3학년 담임), 원고를 끝까지 꼼꼼하게 수정해 주신 윤종필 선생님, 그리고 상담과 면담을 통해 저의 꿈을 더 높이 키워주고 제가 하는 일에 많은 격려와 축하를 해주신 김민호 교장선생님과 유지형 교감선생님께 진심으로 감사의 인사를 드리고 싶습니다.

그리고 어려운 고비에서 힘겨워할 때마다 굴하지 않고 앞으로 나아갈 수 있도록 도와주신 어머니, 아버지 그리고 동생 정우에게도 사랑한다는 말을 전하며 첫 시집 발간을 축하해준 모든 친척들과 친구들에게도 고마움을 전합니다.

이 시집을 친할아버지와 외할아버지께 바칩니다.

| 1부 | Insatiable Desire, 욕망

| 2부 | 세상 속 세상

| 3부 | 슬픈 노을

| 4부 | 첫사랑

| 1부 | Insatiable Desire, 욕망

The pine tree

The very thick waist endures even in harsh winter -
hugging all of young stems -
until stream water becomes lake

Sometimes - it wants to throw all the leaves away -
because it feels hard and tired to keep all of them -
but it protects the position bodily -
as it breaks the branches

It straight its back - when it walked leaning on the stick
because it worries about the march of weak ants

Though it became soil to kernel -
it might crisscross everywhere - to keep somebody safe -
as followed the wind - which blows under the
impulse of the sky

소나무

차디찬 겨울의 시련에도
굳게 버티는 단단한 허릿살은
개울물이 호수에 이르는 그날까지
어린 줄기를 모두 감싸 안아 주지요

때론 힘이 들어 잎사귀를 모두 뜯고 싶지만
가지를 꺾여가며 온전히
그 자리를 지키지요

허리가 휘어 지팡이에 의지해야 할 때에도
행여나 가냘픈 개미들의 행진에도 누가 될까
굳은 허리를 곧게 펴지요

그들이 흙이 되어 작은 알맹이가 된 지금도
하늘에 이끌린 바람 따라
누군가를 지키려 이곳저곳 누비고 있을 거예요

Insatiable Desire

Knowing that I would never have dreamt -
I swallow a shooting star -
falling from the night sky -
deeper in mind

It is hard to suppress the raging flame -
risen from heart inside though

only thing I can do is -
to close my eyes not to see,
the nature

When I spread out my arms -
glowing red -
to get into the starlight,
I finally open my eyes

욕망

꿈을 꿀 수 없음을 알기에
하늘서 떨어지는 별똥별을
가슴 깊숙이 삼켜버립니다

그렇지만
가슴속 타오르는 불꽃을
억누를 수 없기에

다만 두 눈을 가릴 뿐입니다

붉게 빛나는 양팔을 벌려
별빛으로 스며들 때에
비로소 두 눈을 뜰 뿐입니다

Dream comes true as you want

Blacken glass with yellow
has yellow petals inside -
floating slightly
There are a lot of red fruits -
full inside in the plate -
which is like reddish color on the cheek -
The wave from the sea is coming toward -
dyed the plate blue
There is an echo inside of your heart -
which makes another echo
Dream comes true -
as you think
as you talk
to others

원하는 대로 이루어지리라

노랗게 그을린 그릇엔
꽃잎들이 두둥실 흐른다
빨갛게 수줍음을 안은 그릇엔
열매들이 가득 열린다
파랗게 물들인 그릇엔
파도가 헤엄쳐 밀려온다
마음을 담은 메아리는
또 다른 메아리를 불러온다
생각하는 대로
말하는 대로
그렇게

The way to overcome the sadness

I guess the reason - that tears are falling down on my
face-
is the onion I have is quite spicy
I guess the reason - that my eyes feel irritated -
is my eyelashes poke my eyes
I guess the reason - I feel so miserable -
is I watched sad movie last night
I do not think that I'm crying because I'm sad
If I slice up the onions -
I pluck out my eyelashes -
I watch comic movie -
and I overcome every problem
I might smile -
because I am happy

슬픔을 극복하는 방법

눈에서 눈물이 흐르는 까닭은
양파가 매워서이지요
눈이 따끔따끔거리며 아픈 까닭은
속눈썹이 눈을 찔러서 그런 거지요
가슴에서 흐느낌이 나오는 까닭은
슬픈 영화를 봐서 그런 거지요
슬퍼서 그런 것은 아니지요
양파를 다 썰고
속눈썹을 뽑아내고
웃긴 코믹 영화를 보고
그렇게 다 털어내면
그땐 행복해서 웃는 거지요

The second mistake - which should not be excused

Keep a distance from me!
If you do not keep a distance -
I will go step backwards to be apart

Do not come closer to me!
If you come closer and closer -
I will run away from you

Even though you try to catch me -
it would not be that easy -

because I will go farther -
that you cannot reach

두 번의 실수는

오지 마라
오면 뒷걸음 칠 테니
다가오지 마라
다가오면 멀리 달아날 테니
아무리 잡으려 해도
닿을 수 없는 곳으로 피해볼 테니
나에게 가까이 오려 해도
나는 멀어지려 할 테니

The letter for you

I hope your big limpid eyes behind glasses
has very clear lake inside -
showing your inner warmheartedness -
to be a light for others

Three spots on your face is
like your upright dream and hope

As these spots get connected -
to be a constellation -
I hope your dreams come true
I hope you shed light on others

너에게 전하는 편지

안경 뒤로 가려진 큰 눈망울
그 맑은 호수엔
따뜻한 마음이 담겨
항상 다른 사람의 빛이 되어주길

북극성을 이루는 세 점은
너의 올곧은 꿈과 희망
점들이 이어져 별자리를 이루듯
너의 꿈들이 모두 이루어지기를
다른 사람에게도
항상 빛을 비추기를
나는 소망한다

Wing

Though the objective of wings -
are for flying -
the reason - that I put up the wings -
is to embrace all of you -
trembling in cold

It is not to -
fly high to indulge innate desire
feel free and get out of stuffy cage
or drift apart from people -
who want to catch me

It is to - hug all of you
embrace your home -
or be shot by an arrow -
flying from another place instead of you

I spread out my wings -
for you and I
for all of us

날개 달고서

날개가 있는 것은
날기 위한 것이지요
하지만 내가 날개를 단 이유는
추위에 떠는 그대들을 품어 안기 위해서죠

날기 위한 내면의 욕구
하늘 위에서 땅을 내려다보고자 하는 욕망
우리 안에서 벗어나고 싶다는 갈망
날 잡고자 하는 이들로부터 멀어지고자 하는 마음
이런 마음이 아니라

그대들을 따뜻하게 품고
그대들의 안식처를 보듬어주고
다른 곳으로부터 날아오는 화살을 대신 맞아주고자
하는 그런 마음입니다

나와 당신을 위해서
우리 모두를 위해서
날개를 펼칩니다

Good man - like sunflowers

Though roses are in a thornbush -
breathing is gorgeous

As the small thorns -
hidden inside of its scent -
graze my fingertip -
fresh blood begin to soak into my nails

As the liquid flows into pure and white hands -
my lips are eventually turning pale
and then I look at a sunflower -
the other side - facing each other

It looks at me too

While I restore my face to avoid rough hands -
I sink into that big mouth -
put smile inside involuntarily

Though it seems like “pockmarked-bread” -
as I touch my hands -
turning white as before -
and I found its hands stretching for the sun -
buds are bursting inside of my heart

좋은 사람

가시밭에 있어도 숨결이 아름다운 장미
그 향기에 숨은 작은 가시들이
손끝에 스치더니 작은 선혈이 손톱에 스며든다
희고 맑았던 손에 검붉은 액체가 흐르더니
결국엔 입술이 새파래진다
그러다 건너편 마주친 해바라기를 바라본다

그대도 나를 바라본다
거친 손짓에 얼굴을 되돌리려다
웃음을 담은 그 커다란 입에 나도 모르게 빠져든다
곰보빵을 닮은 그대이지만
다시금 희게 변한 손을 만져보며
태양을 향해 손을 뻗고 있는 그대를 보니
마음에 꽃봉오리가 피어오른다

Hope from shantytown

After I climb up the rugged uphill -
pass the hundreds of stairs -
pass by dozens of blue iron doors -
turn the old handle of the door -
and hear the metallic sound
I can finally lie down the floor -
where the light does not come in
for three hundred sixty four days

But I am still waiting for that one day -
to come toward me -
because of the hands - grabing my rough hands -
the smile with some presents -
and the red-bluish lights -
in christmas day - which is only one day in a year -
are like the water given for new - born sprouts

달동네의 희망

험준한 오르막길을 올라
수백 개의 계단을 거쳐
수십 개의 파란 철문을 지나
낡은 손잡이를 돌려
쇳소리를 듣고서야
비좁은 마룻바닥에 누울 수 있는
삼백 육십 사일 내내
빛이 들어오지 않는
어두컴컴한 그 곳

그래도
한 번씩 찾아오는 크리스마스의
붉고 푸른 불빛이
선물과 함께 지어 보이는 웃음이
외로운 손을 잡아주는 손길이
갓 피어난 새싹에게 주는 물과 같아
그 하루가 찾아오길
손꼽아 기다린다

Rainbow

Red is like the teenager's raging flame with beautiful passion
Orange is like the awe of an old couple in autumn when they see maple trees
Yellow is like young children's grin
Green is the youthful spirit
Blue is the pain of one woman who sheds tears by sadness
Navy is like a mature midlife just passed forty who keep one's composure
Purple is like twenties' individual aesthetic characteristics which are very distinctive in the whole world

When the life of seven colors are all gathered -
to be a white color -
it became glow brightly -
which makes the most beautiful moment in our lives

무지개

빨강은 불꽃으로 타오르는 십대의 아름다운 열정을
주황은 가을에 물든 단풍에 취한 노부부의 감탄을
노랑은 순수하고 밝은 어린이들의 함박웃음을
초록은 이제 막 발돋움하는 청춘의 뜨거운 패기를
파랑은 슬픔에 눈물짓는 한 여인의 아픔을
남색은 사십을 넘어선 여유 있는 중년의 성숙함을
보라는 세상에서 가장 자신만만한 이삼십 대의 개성미를

일곱의 인생이 모여 흰색을 이루어
찬란하게 빛날 때
우리의 인생은 가장 아름답다

Rainy season in midsummer

As the rainy season has begun -
dark clouds are flocking -
in the sky
even at noon

When this rain stops -
the sky is started to be clean
and I finally smile

I walk the street -
with a big smile -
thankful to the gratitude of sunshine

장마

비가 오는 장마철엔
한낮에도 어둑어둑
먹구름 가득하지만

이 비 그치고 나면
하늘은 맑아지고
내 안엔 작은 미소 피어나고

거리를 걸으며
햇살의 고마움에
함박웃음 지어 봅니다

| 2부 | 세상 속 세상

마음의 창

열어주는 듯하다가도
한 걸음 내딛는 바람소리에
스스로 닫혀버리고 마는

한 순간 멀어지다가도
돌아봐 달라는 듯
저 스스로 빛을 내어 울부짖는

보이지 않는 유리창

때로는 가까이 두고서도
멀리서 맴돌다 쳐다보지만

지나치는 발걸음 멈추어
따스한 손길로 어루만지니
서리는 녹아 내려

사랑의 입맞춤에
세상을 밝게 비추는

투명한 유리창

* 2013년 4월호 월간 한국국보문학 등단 작품

절정은 바람을 타고

가까이 가고자 하니
너무 뜨거운 바람이

멀어지고자 하니
너무 차가운 공기가

온기를 찾아
이리저리 여기저기 둘러본다

이곳도 아니
저곳도 아니
찾고자 하는 천상은 어디인가

뜨거우면 뜨거운 대로
차가우면 차가운 대로

서로 다른 곳에서
서로를 바라보며
나누는 온기가

뜨거운 감성이 차가운 지성을 만나
하나가 되는 순간

아늑함의 절정에 다다른다

* 2013년 4월호 월간 한국국보문학 등단 작품

벚꽃 피는 풍경 찾아서

풀잎바다에 누워
입가에 맴도는 바람을 머금으며

새하얀 구름 사이로 날아가는
작은 봄 꽃잎들을 바라본다

꽃잎이 볼을 스치며
푸른 잔디 위 살포시 내려앉는
봄 경치가 흥겨워

들썩이는 어깨를 애써 감추며
무릎 위로 날아든 새들의
음률에 맞춰 노래 불러본다

다섯 손가락 사이로 들어오는
햇살들을 살며시 움켜쥐며
헤아려본다

벚꽃 잎은
어디까지 가나
바람 타고 어디까지 가나

* 2013년 4월호 월간 한국국보문학 등단 작품

역설

껍질을 태워버려
집을 잃어버린
마음만 무거운 달팽이

남은 것은 오직
몸뚱어리 하나뿐

삼천만 리
떠나는 길
제대로 갈 수 있을까

헌 껍질 버리고
새 짝 찾으러
가벼운 마음으로 떠난 달팽이

빗물이 스치고
물방울에 적셔

하늘이 맑아질 때 즈음

머나먼 길이라도
상관치 않아

새집 찾아 새 꿈 찾아
머나먼 길 떠나는 달팽이

그대

* 2013년 마로니에 전국청소년 백일장 예선 출품작

모래성

한 줌의 모래가 모여
거대한 성 하나가 완성되었을 때
그 모래성은 혼자가 아니다

파도에 이리저리 치이고
발자국에 여기저기 밟혀도

어린아이가 박수치고
어른들이 미소 짓는
그런 세상을 위해

모래성은 살을 깎아 내는
아픔에도 온전해야 한다

스스스 흩어지는 소리

모래성은 그 속에서
완성을 노래한다

* 2013년 마로니에 전국청소년 백일장 예선 출품작 (선정작)

동반자

관중들의 함성소리

외줄 위에 올라
매서운 칼바람 속
서로를 바라보며

'허이' 구령에 맞춰
부채를 동시에 펼쳐 들고
한발씩 조심스레 내딛는다

지상 십여 미터
아파트 삼층 높이
아찔아찔한 순간

매서운 눈빛 속
흘러내리는 땀방울
후들거리는 다리

'허, 허이' 소리에
한 치의 오차 없이
동시에 발을 내 딛는다

외줄 타기의 외로움
서로 믿고 의지하니
고단함 사라지고

신명나고 흥겹게
서로 배려해야 하는 운명

* 한국문학신문 게재

석양 꽃

꽃이 되어
무얼 하나

향긋한 내음새는
공기 방울로
스며드는데

피는 꽃이 되어
어딜 보나

달콤한 열매는
바람 소리에 떨어지는데

지지 않는 꽃이 되어
누굴 기다리나

창작의 고뇌

지금, 우리는
숨조차 버거운
자그만 방 속에 앉아
하염없이 기다린다

떠오를 때까지
지칠 때까지

통 큰 나무가 썰리는
아픔을 느끼려 애쓰며

새싹이 빗물에
젖지는 않을까

크디큰 나무가
홍수에 쓸려가진 않을까

슬픈 노래 지저귀는
새 한 마리

여명과 함께
창문이 열리기를 기다린다

세상 속 세상

불이 꺼지면
웃던 얼굴들도
보이지 않고

움직이는
실 따라 막대 따라
걷다보면

자유로운 팔 다리
뻣뻣해지고

정해진 그물망에 걸려
어찌하지 못하는
물고기 되어

허우적 허우적

움직이는
실 따라 막대 따라
걷다보면

힘이 되어 주는
사람들의 웃음소리

세상은
실 따라 막대 따라
움직이는 인형극

여덟 시간

기나긴 밤
지친 노을 속
홀로 켜진 가로등불

쓸쓸해진 가을에
네 마음도
흐느끼나 보다

경적 소리
메아리 되어
이 밤 울려 퍼지는데

동산 위 비추며
반짝반짝 소곤대는
별과 함께

꽃이 피는
아침이 될 때까지
조용히 비추는 가로등불

기다림

매서운 겨울바람을
마중하러 나왔나

창가를 비집고 달려 나온
차가운 햇살

수북한 책갈피마다
반짝이는 먼지

하얀 먼지를 닦으며
따스한 봄을 기다린다

처마 끝 고드름은
꾸벅꾸벅 졸고 있고

봄을 생각하니
따스한 바람 머릿속을 헤집는다

시간 여행

거뭇거뭇해진 밤하늘
너를 만나러 가는 길

꽃의 노랫소리 들으며
아름다운 세상 찾아 떠나는 여행

이루고픈 소망 꿈꾸며
걸어보는 한적한 오솔길

상큼한 바다 향기 맡으며
조각배를 타고 지평선 멀리까지

떠나간 너를 찾아가는 여행

바다의 밤

끝없는 바닷가
낮부터 울어대던 갈매기
어둠 속에 잠들고

하늘 저 멀리
은하수 무리들
아름다운 군무 추고

잔잔하던 파도
솨아 솨아 노래하며
흥겹게 출렁인다

바다를 사랑하는
고운 마음으로
빨간 장미 꽃잎 띄우고

허공 속으로
간간히 불어오는
바람의 향기 맡는다

소음공해

시끄러운 음악소리가
경차의 뜀박질 소리가 될 때
나는 문을 박차고 나선다

엉킨 풀을 밟고
쿵쿵거려 보기도 하고
쿡쿡 찔러 보기도 하지만

결국 남은 건
가시덤불에 헤어진
내 옷자락뿐

사춘기의 여정

눈부신 태양
붉은 노을 속으로 사라지고

짙은 어둠
거리를 물들인다

가슴속 타오르던
알 수 없는 불꽃은

상념 속을 헤매다가
수줍게 숨어버린다

굽실거리던 작은 파도
미간을 곧게 펴

이고 가던 짐 잠시 내려놓으니
일렁이던 구름조차 잠잠해진다

세상 숙덕거림도
그새 잠이 드나보다

세상의 소리

폭우에 찌들어 버린
벼 잎사귀가 흔들리는 소리는
꺾여버린 어린아이들의 소망이오

두 손을 꼭 쥐고
기도하는 저 노인의 소리는
세상 풍파에 구겨진
수많은 청년들의 한이오

무릎 꿇고 우는 저 여인의 통곡소리는
이 세상 모든 아버지의 고된 한숨이오
어머니의 소리 없는 삶이오

여기 있소
세상에 굶주린
간절한 소리들이

성찰

연기 속 뭉게구름 만들며
반짝 빛나던 불꽃들은

밤을 밝게 비추다가도
금세 달빛에 스며든다

차갑게 식어버린 꽃잎은
앙상한 줄기만 남아
발밑에 떨어질 때

그제서야 가려진 태양을 찾는다

손님

햇살이 아른거리던 날
안부 물으러 잠시 들른 손님
여우비가 찾아왔다
반가움 뒤로하고 아쉬움 남긴 채

먼 산 먹구름 수놓으며
찾아온 손님 소나기
한차례 내리더니만 가버리고

뜨거운 태양의 지나친 사랑에
땅이 목말라 할 즈음
또 다른 손님
장마가 찾아왔다

| 3부 | 슬픈 노을

百年

황혼에 이끌려
아롱거리는 오아시스를 향해

굶주린 어깨 감싸 안고
살얼음 발판 위로 올라서자
눈앞에 노란 풍경이 드리운다

단꿈의 오아시스는
백 미터 반경 앞

생각

아빠는 뭘 그리도 생각하는지
먼 산 한 번 바라보더니
담배 연기 후 한 번 내 뿜는다

고3 언니는 뭘 그리도 생각하는지
연필을 내던지고 침대에 누워
후 하고 천장을 멍하니 바라본다

엄마는 뭘 그리도 생각하는지
클래식 음악을 틀고서 흔들의자에 앉아
후 하고 눈을 감아본다

뭘 그리도 생각하는지
뭘 그리도 고뇌하는지

* 국보문학 8월호

봄비

바람 타고 보슬보슬
비가 내린다

사랑에 목마른 나무
촉촉이 적셔 푸르게 자라라고

수줍어 잠자고 있는 봉우리
어서어서 피라고

회색빛 도시
맑고 깨끗해지라고

갈 곳 몰라 슬퍼하는 이
함께 울어 주고 싶어서

하늘에서 비가 내린다

희망

꼭꼭 숨겨라
새어나가지 않게

꾹꾹 눌러라
더욱 단단해지게

꼭꼭 닫아라
달아나지 않게

온기는
흔들면 출렁이는 파도

감싸 안아라
움직이지 못하게

화해

사랑에
미안해하고

그리움에
미안해하는

온통 잿빛에
그을린 그리움이
뒤덮인다

'사랑해'
사랑한단 말에
시들던 꽃잎이
피어나고

'미안해'
미안하단 말에
하늘에 떠 있는
햇님도 웃는다

끝없는 사랑

푸르고 높아서
산이라 부르고 싶은

넓고 광활하여
들판이라 부르고 싶은

그리고
깊고도 넓어
바다라 부르고 싶은 사랑

언제 다다를지 모르는
차마 오르질 못할 눈부심

다가가고 싶고
동행하고 싶은

오늘도, 내일도
끝없이 쌓여가는

소중한 우리의 사랑

내가 살아가는 이유

큰 장애물을 뛰어넘기 위해
앞서나가는 이가 되기보단

뒤에서 모두의 길을 비추어 주는
안개 속 등대가 되고 싶다

한 번의 배불림을 위해
과욕을 부리는 실수를 하기보단

조금씩이라도 꾸준한 성과를 쌓아가는
지혜를 가진 개미가 되고 싶다

넘치는 사랑을 받기보단
한 번이라도 누군가를 위해

배려하고 도와주는
그런 사랑을 주는 사람이고 싶다

내가 사는 곳

바삐 오가는 차량들
이른 아침부터
반복되는 일상

갇힌 것처럼 보이지만
언제든 열려 있는
회색 도시 서울

내가 가는 곳
어디서든 넘어질세라
비추어 주는 빛 잔치들

콘크리트 울타리 안
아늑하고 푹신한 소파엔
감미로운 커피향이 흐르네

아빠의 추억

드넓은 초원에 누워
바라보는 푸른 하늘

유유히 흐르는 구름 속
환하게 웃고 계신 우리 아빠

흥겹게 휘파람 불며
아이스크림을 사 오시는 모습

아빠 손잡고 걸어보는
한적한 숲속

커다란 나무를 감싸 안으면
바람이 전하는 아카시아 향기

늙은 광대

하얀 분칠에
새빨간 장미를 문 입술에
입꼬리를 살짝 올려 그린다

축 처진 인생을 짊어지고 간
이미 늙어버린 주름에
더 크게, 더 진하게

모두가 짖어대는 웃음소리에
입꼬리가 더 돋보이게
입을 더 크게 벌려 웃는다

관객들도 웃고
나도 내 인생을 웃기 위해

날 부르는 소리

숲속 반딧불
불이 켜지면
멈추어 봐요

달빛 손짓에
옷깃 여미고
뒤돌아 봐요

빼꾹 소리
들려오면
날 불러 봐요

가지 넓은
나무에 앉아
기다릴게요

풋사랑

간들간들
살랑여 보기도 하고

까칠까칠
흔들어 보기도 하고

안개꽃 한 다발
건네 보기도 하고

수줍지만
다시 바라보고픈 눈길

춤추는 연아

매끄런 빙판을 돌며
천장 위로 날아오를 때
선율 따라
반짝이는 보석
빛을 발하고

숨죽여 지켜보는
온 세상 관중을
커다란 두 날개로
부드럽게 감싸 안으며

춤을 추는
천상의 아름다운
우아한 백조

환상의 연기 속
감동하며 열광하는
세상의 함성소리들

한국이 낳은 빙판 위 여왕

내려진 무대엔
눈물 속 감동의 애국가
온 지구촌 울려 퍼지네

울지 마라

가슴속 실타래가 엉키어
심장을 옭아매
답답함을 느끼더라도

입천장 멍울이
몽글몽글 만져지더라도
단단해진 뭉치들을 내뱉지 마라

생각이 이룬 선들이 꼬여
관자놀이가 날 짓눌러
눈살이 찡그려지더라도

온 몸의 솟아오른 혈관들이
지렁이처럼 꿈틀거리더라도
아직 울지 마라

하나 둘씩 쌓여
천장까지 닿은 책 더미가
온 몸에 개울물 되어 흐르고

기쁨의 포효가 터져 나오면
그땐 울어라
그리고 웃어라

슬픈 노을

붉게 물든 바다에
푸르렀던 잎사귀가
노랗게 물든다

지쳐버린 햇살에
밝게 웃던 꽃잎은
앓다 풀이 죽는다

푸른 물살에
꽃잎 한 장 떠나보내면
슬픈 노을이 미소 짓는다

* 국보문학 8월호

비눗방울

옹기종기 모인 액체가 이룬 거품
도넛 담갔다 빼니
일곱 색 환상에 사로잡혀

'후–' 하고 분 자리엔
어린아이 동심이 그리워
잠시 옛 생각 떠 올린다

추억 속을 헤매다가
그러다 터져버려
공기로 흩어지는 그 순간
오아시스도 사라지는 허망한 현실

그러나
일곱 색 물방이 풍선 되어 하늘로 올라갈 땐
땀방울도 잊고 갈증도 달아나
달콤한 기쁨 눈앞에 펼쳐지네

나무의 소망

애정에 목말라 하는
결핍나무

물도
햇빛도
바람도
곤충도
동물도
사람도
그 무엇도 없는
외로운 나무

하지만
온 힘을 다해

튼튼한 뿌리를 내리고
가지와 줄기를 뻗고
꽃을 피우고 열매를 맺어

아름답고 사랑스럽게
우뚝 솟아

세상에서 가장 큰
자랑스런 나무가 되리라

유희

간담...
너에게로 간담

건담...
너에게 말을 건담

본담...
너를 다시 본담

온담...
네가 다시 나에게 온담

| 4부 | 첫사랑

파리의 소원

가려운 두 손
싹싹 빌어

“한 줌만 빌려 갈게요”

주인아주머니
불호령에
귀청 떨어지겠다

매서운 손찌검 피해
얼른 달아나야지!

먹지 못해
서러운 날갯짓
“한 입만 먹고 갈게요”

모기 물린 입술

분홍 입술 톡톡
부풀어 올라

날아오르는 붉은 살점들
승천하는 검붉은 화염들

밀려오는 고통으로
새빨갛게 타버려

저음으로 토해내는
가녀린 소리

아~ 아~
동굴에 울려 퍼지는 애달픈 소리

한여름의 저녁

거리엔 자동차 전조등
하나 둘씩 켜지고

도시 물들인 화려한 네온 싸인
앞다투어 춤을 추고

모카라떼 향의 커피숍엔
다정히 마주한 사람들

콧노래 흥겨운 퇴근길
가족 생각에 발걸음 가벼워지고

늦은 저녁 정겨운 시간
둥근 탁자에 피어난 웃음꽃

사랑이 머문 곳에
사라지는 한여름의 무더위

동해 바다

맑고 푸른 바닷가
넓게 펼쳐진 백사장

은빛 모래 위에 새겨진
사랑의 낙서들

뜨거운 열기 속
재미 삼아 하는 모래찜질

밀물에 발을 담가보고
썰물에 펄쩍 뛰어보고

차가운 바닷물이
전해주는 시원한 사랑

자연의 소리

멈추어라 소리가
저 산 멀리서
나즈막히 들린다

멈추어라 소리가
고개 넘어
메아리가 되어 흩어진다

멈추어라 소리가
귓가를 맴돌며
공기 방울 되어 사라진다

산새 울음소리
바람 웃음소리
꽃 노랫소리

두 눈 감고
마음을 모아
멈추어 들어 본다

봄이 오는 소리

따사로이 나른한 오후
아스팔트 열기 속 아지랑이
실타래 되어 피어나고

가로수 플라타너스 잎들
봄빛 받으며 춘곤증에
기지개 켠다

살랑살랑 콧방울
간질이는 봄 향기
시 되어 사랑 되어 가슴 적시고

라일락 꽃 내음 은은한 거리
지나가는 행인들
저마다 행복한 얼굴로 웃는다

앞산의 봄

상쾌한 바람 맞으며
분홍 화장하고
봄노래 부르는 진달래

양지바른 곳 너른 바위
쉬어가라 손짓하며
반기는 고마운 친구들

계곡 사이 흐르는 물 따라
낭만의 봄 여행 떠나는
푸르고 싱그런 나뭇잎

반짝이는 고운 햇살 받으며
한들한들 춤을 추는
돌계단 옆 자그만 새싹들

마법

하얀 가루와
검은 가루가
내 머릿속을 스쳐지나간다

한 줄의 빛이 되어
내 뜨거운 심장을 스쳐간다

하늘 향해
멀리
높이
솟아오른다

첫사랑

하얀 살 위
톡 쏘아버린 따가운 침살

붉은 열꽃 피어
유독 부풀어 오른 그 곳

가려워 긁고 또 긁어
새로 나온 작은 생채기
쉼 없이 간질거린다

붉게 물든 볼은
새색시 다홍치마

부끄러워 옷깃으로 가려보고
입김으로 불어본다
꽃잎이 잠재워지도록

감추기 어려운 두 볼
더 붉게 피나는 열꽃

노을빛에 풍덩 빠져버려
고개를 들 수가 없나보다

* 침살 : 벌이 쏘는 침의 뾰족한 끝을 표현

추억 속으로

가려진 두 눈 사이로
들어오는 이 아련한 빛은
무엇인가?

눈을 감으면
선명하게 보이는

눈을 뜨면
더욱더 선명해지는 모습

다시 두 눈을 꼭 감아본다
내 눈앞에
그림자가 드리울 때까지

흔들리는 차창 따라
내 마음이 울리고

빠르게 지나가는 나무들 따라
추억들도 스쳐간다.

꼭 쥔 두 손이 새하얘지도록

그림자

만질 수는 있지만
가질 수 없는 사람

볼 수는 있지만
안을 수 없는 사람

담벼락 훑고 지나간 자리에

손끝 사이로 맞닿은
또 다른 나의 모습

떠나가는 마음

굳이
나를
내려놓으려
하신다면

내
스스로
떠나려 합니다

만일
나를
다시 찾으려
하신다면

내
마음은
저 먼 곳에
두고 오렵니다

나는 너에게

네가 빨간 미소 지으면
나는 하얀 미소로 답한다

네가 푸른 눈웃음 보내면
나는 새하얀 포옹으로 너를 안는다

너는 나에게
나는 너에게
서로의 존재가 어긋난 차도 같지만

네가 떠나는 길이 험한 산길은 아닐지
네가 남는 곳이 가시꽃밭은 아닐지

소복이 쌓인 눈길
조심히 가길

나는 너에게
남겨진 발자국

난초 머문 자리에

초록의 싱그러움이
단아하게 묻어나는 잎새는

결결이 예리한 솜씨로
다듬어 낸 걸작

맑은 이슬 머금고
청초를 품어내는 자태는

사랑하는 이
보고파하는 흔적

은은한 선율 타고
도도히 흐르는 향기는

시린 마음 달래주는
신비의 묘약

포기란 없다

비틀어진 동아줄도
다시 풀면
새끼줄이 된다

구겨진 종잇장도
다시 펴면
연습장이 된다

지워진 글자도
다시 쓰면
'시' 가 된다

비상

허공을 가르며
날개를 펴고 싶어라

바람을 타고서
하늘 향해 날고 싶어라

답답한 마음
주머니 속 작은 티끌 되어
다 보내 주리라

꿈속에서
나는 또다시
하늘을 향해 날아가리라

꿈길 여행

눈을 감으면
보이는 희미한 안개

닿지 않는 너에게
빛 따라 걸어가 본다

보이지 않지만
느끼는 대로 마음 가는 대로
너에게 걸어가 본다

흩어지는 안개소리

눈을 다시 감으면
보이는 선명한 꿈길

꿈길 여행

한양경 작사
최희상 작곡

Piano

눈 을

Pf.

C F D-7 G

5

감 으 면 보 이 는 희 미 한 안 개 닿 지

C F F#o7 C/G G7 C

9

않 는 너 에 게 로 - 빛 따 라 걸 어 가 본 - 다

F#-7(b5) B7 E-7 A7 D-7 G7 G-7 C7

13

보 이 진 않 지 만 느 끼 는 대 로

2
F G/F E-7 A-7 F D7/F# G7
마 음 가 는 대 로 너 에 게 로 길 어 가 본 다
Pf.
C C/E F D- D7/F# G7sus4 G7
흩 어 지 는 안 개 소 리 눈 을 다 시 감 으 면
C C/E F 1. D-7 G7 C
보 이 는 선 명 한 꿈 길 걸 어 가 본 다
2. D-7 G7 C
걸 어 가 본 다

축사

단단한 각오는 새 길을 찾아 준다

| 이상문 (소설가 · 국제펜한국본부 이사장)

작은 씨앗에서 거목(巨木)의 싹을 틔우며...

| 김민호(동덕여고 교장)

작가의 탄생을 축하하며

| 김형곤(동덕여고 2학년 담임 교사)

행복한 세상을 위한 첫걸음을 축하하며

| 아버지

양정이의 첫 시집 탄생을 축하하며

| 어머니

해설

사물과 관념의 조화와 시적 진실

김송배(시인 · 한국문인협회 부이사장)

단단한 각오는 새 길을 찾아 준다

이상문
(소설가 · 국제펜한국본부 이사장)

문자를 익힌 사람이라면 누구나 글을 쓸 수 있다. 하지만 아무나 글을 쓰는 것은 아니다.

문자 이전에는 그림이었다. 그 시절에도 그림을 누구나 그릴 수 있다고 해서 아무나 그린 것이 아니었다. 그래서 지금도 산천의 바위벽이나 동굴 속에 남아 있고, 고분 속에 남아 있는 그림들은 수천 년 전의 '선수' 들이 그렸을 것이다.

한양정의 시를 볼 때 이런 생각을 했다. 글을 깨치면 누구나 시를 쓸 수 있다. 그러나 10대의 끝자락에 있는 소녀가 시를 써서 '제대로 된 시' 로 인정받는 경우는 드물다. 매우 드물다. 대단이 뛰어난 재능을 가진 '선수' 만이 할 수 있는 일이다.

한양정의 시들은 〈익숙하지만 늘 새로운 현실을 독특한 발상법으로 낯설게 하기〉로 읽힌다. 그래서 의문에서 의문으로 가는 한양정의 시들은 건조하다. 그렇다고 지적인

▲ 이상문 국제펜클럽 한국본부 이사장님 · 임수홍 발행인과 함께

사유는 아니다. 그렇게 자신의 내면을 드러낼 뿐이다. 낱말들이 봄날의 새순처럼 촉촉하게 물기를 머금고 자라났으면 하는 바람을 갖게 된다.

당선소감에 "고단함에 찌들어 있을 때인 지금도 또 다른 어머니로서 늘 나와 동행하고 있다"고 했다. 또한 "시인의 등단을 발판 삼아 이 세상 많은 사람들이 내 시를 읽고서 위로를 받고 희망을 얻을 수 있었으면 하는 바람이다."고도 했다.

참으로 각오가 단단하다. 심사위원의 "시어는 정교하면서 깊은 성찰의 메시지가 흐르고 있으며, 내면 깊숙이 숨겨져 있는 감성을 자유롭게 형체를 그리고 있다."는 평이 또한 미래에 대한 큰 신뢰를 보증하고 있다.

10대에 벌써 성인의 분야에서 인정받는 일은 매우 놀랍고 또 놀라운 일이어서 큰 박수를 받아야 마땅한 일이다. 그러나 매우 위험한 일이다. 가야 할 길이 멀고 멀기 때문이다. 뼈도 채 굳지 않은 소녀가 그 아득한 길을 간다면 기쁨에 앞서 각오가 있어야 한다.

단단한 각오만 있다면 결코 난감한 일은 아니다. 각오는 길이 사라진 자리에서 시작하는 다른 길을 반드시 찾아주기 때문이다.

노파심일 수 있겠지만, 아주 마음이 놓이지 않는다. 그래서 끝으로 내가 고등학교 때부터 마음에 새겨, 이때껏 경계해온 말을 하고 싶다. '묘이불수(苗而不秀 : 싹이 텄다 해서 반드시 꽃이 피는 것이 아니다.), 수이불실(秀而不實 : 꽃이 피었다 해서 반드시 열매가 맺히는 것이 아니다.)', 공자의 말이다. 고리탑탑한 냄새가 난다고 해도 어쩔 수 없다. 진실로 크게 축하하면서도 걱정하는 이유가 여기에 있어서다.

시집 출간을 진심으로 축하한다. 시인으로서 가는 길이 봄날의 들판처럼 늘 싱그러웠으면 한다.

 축사

작은 씨앗에서 거목(巨木)의 싹을 틔우며...

김민호
(동덕여자고등학교장)

우선 한양정 양의 시인 등단과 더불어 첫 시집의 발간을 진심으로 축하합니다.

누구나 청소년기에 한번쯤은 감상에 젖어 주옥 같은 시구들을 흠모하여 암송하고 인생의 고뇌를 노래하는 시인이 된 것처럼 착각을 하는 열병의 시기를 겪기도 합니다.

그러나 양정 양처럼 명망 있는 작가들로부터 표현의 격식과 시상(詩想)의 깊이를 인정받은 작품으로 등단을 하고 또 시인으로서 그간의 노력들을 한꾸러미 결실로 세상에 선보인다는 것은 실로 범상치 않는 일이라 생각됩니다. 종종 양정 양이 글짓기대회에서 수상도 하고 교내ㆍ외에서 영자신문 발간 활동을 열심히 하는 것을 단순히 글쓰기에 약간 남다른 관심과 재능이 있는 문학소녀의 열정으로만 보았는데 오늘 이렇게 양정 양의 시집에 격려의 글을 쓰게 되니 너무나 대견하고 자랑스럽습니다. 더구나 대부분의 고교생들이 대학입시라는 지상목표(?)를 위하여 경주마처

▲ 김민호 교장 선생님과 함께

럼 내달리고 있는 우리의 현실 속에서 꿋꿋하게 자신의 꿈과 끼를 키워나가는 양정 양의 의연한 모습에 찬사의 박수를 보내지 않을 수 없습니다.

사람은 환경의 영향을 받기도 하지만 주어진 환경을 의미 있게 이용하고 극복해 나가기도 하는 존재입니다. 안락하고 유복한 환경이 사람을 망치는 독(毒)이 될 수도 있고 서럽고 힘든 환경이 큰사람을 만드는 약(藥)이 될 수도 있으며, 그 선택은 결국 각자 자신의 몫입니다. 양정 양이 시(詩)에 관심을 갖고 시(詩)를 쓰게 된 계기가 사춘기의 혼돈과 유학생활의 어려움이었다고 하니 양정양은 자신에게 주어진 환경을 자기발전의 기회로 승화시키고 나아가서는 다른 사람들에게까지 공감의 위안과 힐링(healing)을 선사하는 능력을 가진 것이 분명해 보입니다.

시(詩)에 관한 것이라곤 학창시절 국어시간에 배운 것이

전부인 문외한이지만 독자의 한사람으로서 느끼는 양정양의 시(詩)는 한마디로 풀잎에 맺혀 있는 아침이슬처럼 깨끗한 순수함 그 자체입니다. 자연과 인간에 대한 나름대로의 치열한 고민과 성찰이 순수한 마음을 통하여 들려오는 영혼의 노래를 듣는 듯합니다. 비록 인생의 경험은 많지 않으나 세심하고 사려 깊은 생각으로 시(詩)에 그윽함을 더하고 풍부한 감성과 영롱한 시어(詩語)로 우리들의 지친 마음을 정화시켜 주는 듯합니다.

이제 양정 양은 시인으로서 첫걸음을 떼었습니다. 한번 뗀 걸음은 점점 빠른 걸음으로 변할 것입니다.

그 여정에는 순탄한 길도 있고 험난한 가시밭길도 있겠지요. 그러나 그 모든 길이 양정 양을 시인으로서 더욱 성장하게 하는 자양분이 될 것입니다.

아직은 더 배우고 경험해야 할 세계가 많이 남아 있습니다. 항상 겸손하고 진지하게 절차탁마(切嗟琢磨)하는 마음으로 정진한다면 앞으로 우리 문학계의 거목(巨木)이 될 것으로 확신합니다.

그리고 이 시집은 아마 그 싹이 될 것입니다.

2013년 8월

작가의 탄생을 축하하며

김형곤
동덕여자고등학교 교사

시인 등단과 시집 발간까지 숨가쁜 학교 공부 속에서 양정이가 쏟았을 고민과 사색의 시간과 그 노고에 대견함과 놀라움의 박수를 보낸다. 길지 않은 교직 생활이지만 풍문으로도 이 정도의 활동과 재능을 보여준 학생에 대해 들어본 바가 없기에 양정이는 학교의 자랑이자 나의 자랑이 될 것이다.

겨울방학을 보내고 새 학년으로 올려 보내기 전, 등단 얘기를 처음 들었고 그때 무척 놀랐다. 왜냐하면 그가 학교에서는 유학으로 인한 고등학교 공부의 공백을 메우고자 독하게 공부하는 학생으로 인식되었기 때문이다. 단정하고 차분한 외모에 똘망똘망한 눈빛이 야무지다는 인상을 주는 양정이는 짓궂고 너스레를 잘 떨며 활동적인 아이들이 많았던 우리 반에서 그리 다가가기 쉬운 친구는 아니었을 것이다.

물론 양정이가 교내 글짓기 대회에서 상을 타지 못한 철저히 숨겨진 인재라거나 노력파이기만 한 것은 아니었다. 6월의 통일 글짓기 대회에서 '영화평론' 부문에 응모해 1등으로 입상할 때 심사를 했었는데 '웰컴투 동막골'을 학생답지 않게 마치 영화잡지에 기고해도 될 정도로 깊이 있고 예리하게 분석해 감탄했던 적이 있다. 하지만 평소 치열하게 학업을 대하는 양정이의 모습에서 시상을 떠올리며 시어를 가다듬는 문학소녀의 이미지를 떠올리는 것이 쉽지 않았기에 양정이의 시작 활동과 등단, 시집 발간 소식은 나뿐만 아니라 학교에서 그를 아는 교사와 학생들에게 '의외'로 다가왔다.

양정이의 시에서는 격정이나 발랄함, 발칙함보다는 그의 평소 품성처럼 절제된 형식미가 느껴진다. 흔히들 '문학소녀'라는 말에서 떠올리곤 하는 여고생의 로망과 치기보다는 나이보다 성숙함이 묻어나서 평소 겉으로 드러내지 않던 잠재된 감성과 열정을 이제야 드러냈다고 보는 것이 맞을 듯하다.

입시 교과 '문학'을 통해 시를 배웠고, 고등학교를 졸업한 후 자유롭게 시를 감상하게 된 이후에야 좋아하는 시인도 생기고 시에 대한 나름의 주관도 겨우 갖게 된 평범한 독자의 입장에서 시인 한양정에게 부탁하고 싶은 게 있다. 어린 시절에 시작 활동을 시작하고 등단, 시집 발간까지 빠른 시간 안에 이뤄 낸 배경에는 부모님과 주변의 도움이 있었을 것이다. 아직 어리기 때문에 표현하는 세계 역시 넓지 못하고 본인의 주관도 확립되어 있지 않을 것이다. 본인이 다짐하고 있듯 세상 사람들이 자신의 시를 읽고 위로받고 희망을 얻을 수 있도록 더 많은 이들의 삶과 고뇌를 이해하려는 노력을 게을리하지 않기를 바란다.

모든 이의 입맛에 맞는 시는 존재하지도 않고 있을 필요도 없겠지만 자신의 만족만을 위한 표현은 외면받기 쉽다. 어쩌면 세상에 대해 더 많이 알아갈수록 입과 손이 과묵해질지도 모른다. 과거의 습작이 부끄러울 정도에 이를 때까지 대중과 소통하고자 노력하는 작가가 되었으면 한다.

행복한 세상을 위한 첫걸음을 축하하며

바람이 불고, 비바람이 불어도 항상 함께하는 사람들이 있다. 어려운 시련을 이겨내고, 슬픔을 함께 하고, 행복은 더욱이 함께하며 풍진세상 웃으며 헤쳐나가는 사람들이 있다. 그러나 어떤 경우 사람들은 무심코 세월을 지나 보내기도 한다. 현재 하고 있는 일들에 만족하거나 자신들이 꿈꾸고 있는 먼 미래를 앞만 보고 달려가고 있기 때문이리라.

조금만, 잠시만, 주위를 돌아보아라. 누가 있는지! 누가 함께 하고 있는지! 작은 세상이 있고 작은 세계가 있음을 알 수 있을 것이다. '가족' 이라는 이름으로 ….

지금으로부터 19년전 나는 사랑과 함께 지금의 아내를 맞이하였다. 그리고, 곧 이듬해에 지금의 작은 시인인 '우리의 자랑스런 딸 양정이' 를 만나게 되었다. 흔히, 아기를 얻으면 하늘에서 내려주었다는 둥 우리 둘의 만남의 결정체라는 둥 많은 말들을 하였지만, 양정이를 처음 안아들었을 때 손끝을 전해 타고 들어오는 살떨림을 아직도 잊을 수 없다. 가녀린 피부와 살 속 뼈마디가 부서질세라 겨우 안아 든 가슴속 전해오는 전율은 너무나도 새롭고 이 세상에 태어나 처음으로 느끼는 환희였다. 아마도 나의 부모님도 그러하지 않았을까 하는 생각이 든다. 그때부터 나는, 아니 우리는 서로 최선을 다해 아이의 미래에 대한 노력을 하리라 다짐했었고, 착하고 정직하게 스스로 세상을 헤쳐나갈 수 있도록 하겠다고 다짐했었다.

10여 년 전 양정이가 힘들게 힘들게 일기를 쓰고 있기에 (우리나라 초등학생이라면 누구나 다 일기를 쓴다. 그것을 통해 글쓰기 실력이 좋아지고, 책도 많이 읽게 되고, 인성이 쌓여간다고 여기는 것 같다.) 옆에서 엄마와 씨름하고 있을 때 "양정아, 매일 똑같은 내용의 일기를 쓰기 힘들 테니, 네 옆에서 일어나는 일이나 상상하는 일들을 시로 써보고, "작문으로 써보면 어떨까?" 하고 이야기한 이후 초·중학교를 졸업할 시점에는 여러권의 일기장과 작품노트를 가질 수 있었고, 이를 보고 나중에 "양정이가 고등학교 졸업때에는 책으로 내어주마." 하였던 기억이 있다.

고등학교 3학년! 봄부터 그간의 작품 중 몇 편을 국보문학지에 응모하여 시인으로 등단하더니, 전국대회에 나가 상도 받고 그러더니 얼마 전에는 수필가로 등단을 하게 되었구나. 그리고 한국문학신문에서는 학생기자로 활동도 하고 심지어 칼럼도 쓰고 있다니 경천동지할 정도의 발돋움이 아닌가?

처음 시인이 되었을 때는 가슴이 벌렁거리는 환희도 있었지만, 시집이 나온다고 하니 아직은 미숙한데, 좀더 보완되어야 할 텐데 하는 조바심도 없지 않았다. 그래도 영문의 시와 번역문을 동시에 쓰는 실력을 갖추었으니 그간의 노력이 헛되지 않은 것을 알고 내심 기쁨이 더 앞서는 것은 어쩔 수 없는 아버지로서의 감회이리라.

'축하한다, 양정아!' 시나 산문 어떤 종류의 글을 쓰던지 마음과 교류하고 세상과 노래하며 함께 희로애락을 나누고 즐기기 바란다. 첫 시집을 영문시와 번역시 그리고 그간의 시들을 모아 작은 첫 작품을 낼 수 있는 것을 감사의 마음으로 기뻐하며… 또한, 작은 시인 양정이를 발굴하고 힘을 실어주신 최병준박사님(시인대학) 과 임수홍 회장님(국보문학 및 한국문학신문사)께 감사의 마음을 드린다.

자그마하게 시작하고 있는 초등학생들과 함께 하는 '시창작교실' 과 '시낭송회' 의 기쁨을 앞으로도 지금처럼꾸준하고 지속적으로 할 수 있길 기원한다.

함께 여행하며 놀기 좋아하는 아빠가 " 축하해 "

축사

양정이의 첫 시집 탄생을 축하하며

사랑하는 양정아, 첫 시집이 나오게 되어 진심으로 축하한다.

고운 꽃들에서 풍겨오는 은은한 향기가 우리에게 행복을 주듯, 양정이가 태어나던 날 엄마에게 전해진 마음은 아름답게 반짝이는 수많은 별들이 하늘에서 한꺼번에 쏟아질 것 같은 경이롭고 신비로운 느낌 그 자체였단다. 그리고 너무 감사했단다.

양정이는 어렸을 적부터 책읽기를 좋아하고, 유난히 쓰기를 좋아했던 것 같아. 아기 적 양정이는 울다가도 책을 주면 그치기도 했고, 엄마가 일기를 쓸 때면 세 살 적부터 옆에 와서 연필 잡고 무언가 흉내 내는 것을 좋아 했었거든. 또 엄마가 동생 정우를 임신하고 있어서 태교를 위해 한자 펜글씨 교본을 즐겨 썼던 적이 있었단다. 그때마다 양정이가 얼마나 쓰고 싶어 하던지 엄마에게 책을 달라고 조르며 책을 가져다가, "엄마, 나도 할 수 있어!" 하며 구불구

불 지렁이 모양으로 그림 그리듯 썼던 기억이 난다. 지금도 갖고 있는 그 책을 보며 양정이와 엄마가 가끔씩 웃곤 했는데… 그리고 어린 아기인 양정이는 특이하게도 사전을 갖고 노는 것을 좋아했었단다. 그리고 “난 커서 고수님(교수님) 될꺼야!” 라고 입버릇처럼 말하곤 했는데… 그런 네가 얼마나 귀엽던지.

하여튼 양정이는 어렸을 적부터 읽고, 쓰는 것을 무척 좋아했던 것 같아. 초등학생이 되어서도 손에서 책을 놓지 않았고, 일기 숙제를 할 때면 항상 공책이 꽉 차도록 썼는데, 그때 썼던 일기장 중 보관 중인 것만 해도 19권이나 되니 말이야. 그리고 양정이가 가끔씩 “엄마생각엔 난 무엇을 가장 잘하는 것 같아?” 하며 묻곤 했는데, 그때마다 엄마는 “아마도 양정이가 가장 잘하는 것은 글쓰기 아닐까?” 했던 말들이 새삼 떠오르는구나. 지금 와서 보니 양정이의 이런 모든 모습들이 어우러져 시인이 되고 시집을 내게 된 것 같아 더욱 흐뭇하고 감사하단다.

열아홉, 고3인 양정이가 그간 틈틈이 써온 시들을 책으로 낸다고 하니, 엄마는 네가 무척 자랑스럽고 대견하구나. 옛말의 ‘세 살적 버릇 여든까지 간다’ 라는 속담이 우리 양정이를 두고 한 말이 되어 양정이가 여든 넘어서까지도 글 쓰고, 짓는 것을 좋아한다면 얼마나 좋을까 하는 생각도 드는구나.

특히 '시' 라는 것은 승화되고 축약된 고농축의 아름다움을 표현하는 예술로서 사람들에게 감동을 주는 좋은 글인 것 같아. 그리고 현재 우리의 삶이 때론 바쁘고 좀 복잡하기도 하지만 양정이의 작은 시가 사람의 마음을 쉬게 해주고 고단한 마음에 단비가 되어 감동과 사랑을 주며 도울 수 있는 역할을 한다면 좋겠구나. '좋은 시' 는 사람을 살릴 수도 있고, 아프거나 슬픈 마음을 보듬어 줄 수도 있다고 하는데, 이렇게 좋은 시를 많은 독자들이 접한다면 참 좋겠지. 엄마는 그렇게 양정이가 다른 사람에게 행복을 주는 멋진 시인으로 성장해 가길 바란다.

이제 첫 시집을 발판으로 해서 양정이의 소중한 꿈들을 하나하나 이루길. 앞으로 초중고 학생들에게 도움을 주고자, 교과서에도 네 시가 올려 지기를 소망하는 너의 꿈이 이루어지기를 바란다. 또한 영어, 일어, 중국어, 스페인어를 조금 할 줄 아는 것을 바탕으로 해서 너의 가장 큰 꿈인 '세계적인 시인' 이 되기를 기도 드릴게.

양정이가 행복하기를, 양정이의 시를 읽는 모든 이들이 행복하기를 바라며.

양정이를 사랑하는 엄마가.

▲ 이상문 국제펜클럽 한국본부 이사장님과 함께

▲ 第27회 '시가 흐르는 서울' 사당역 시낭송회 기념사진

▲ 第27회 '시가 흐르는 서울' 사당역 시낭송회에서 낭송하는 모습

▲ '시인 한양정 시창작 교실'에서 수상자에게 시상하는 모습

▲ 강남 · 서초 영자신문부 회의하는 모습

▲ '시인 한양정 시창작 교실'에서 학생들의 작품 발표 전시 모습

해설

사물과 관념의 조화와 시적 진실

김송배

(시인 · 한국문인협회 부이사장)

1. 사물과 이미지의 형상화

현대시의 구조와 구성에 관하여 다양한 시론들이 언급되고 있으나 대체로 살펴보면 외적(外的)인 요소로 사물(事物)의 이미지를 투영(投影)하는 경향의 작품들을 많이 접하게 된다. 이는 우선 우리 인간들이 소유한 오관(五官) 즉 안이비설신(眼耳鼻舌身)의 신체적인 구성에서 각각 느낌으로 연결하는 오감(五感)의 발양(發揚)에 의해서 시각, 청각, 후각, 미각, 촉각의 이미지로 형상화하는 과정을 갖게 된다.

이러한 시각(視覺)이나 감각적(感覺的)인 이미지의 추출은 이 사물을 응시(凝視)함으로써 그 시인의 체험과 내적(內的)인 정서(혹은 사유)와 동일하게 조화를 이루어 한 편의 작품을 완성하는 시인들의 고뇌가 따르게 된다.

여기 한양정의 첫 시집 『절정은 바람을 타고』의 시편들을 일별하면서 이러한 담론을 제시하느냐 하면 한양정 시인이 취택하는 소재와 주제를 대별(大別)해 보면 먼저 사물에 관한 이미지의 형상화와 우리의 보편적인 심리에서 취합(聚合)하는 시적 사유(思惟)를 정립하고 있다.

그리고 그는 다시 작품 속에서 대화를 하거나 융합(融合)을 통해서 하나의 진실을 추적하는 시법(詩法)인 시적 화자(話者-persona)의 어조(語調-tone)를 적시(摘示)함으로써 주제를 명징(明澄)하게 현현하는 작품과 마지막으로 그가 평소에 관조(觀照)해온 자연 서정에서 그의 작품 세계를 살펴볼 수 있었기 때문이다.

한양정 시인에게서 간과(看過)할 수 없는 점은 그가 한 사물에 투영하는 이미지나 메시지(주제)는 우리 인간과 밀접한 상관성을 갖게 되고 결국 그 사물이 제시하는 의미는 바로 우리 인간들의 실생활(real life)을 좀더 고차원의 지적 세계로 끌어올려 탐구하는 경향이라는 점이다.

차디찬 겨울의 시련에도
굳게 버티는 단단한 허릿살은
개울물이 호수에 이르는 그날까지
어린 줄기를 모두 감싸 안아 주지요

때론 힘이 들어 잎사귀를 모두 뜯고 싶지만
가지를 꺾여가며 온전히
그 자리를 지키지요

허리가 휘어 지팡이에 의지해야 할 때에도
행여나 가냘픈 개미들의 행진에도 누가 될까
굳은 허리를 곧게 펴지요

그들이 흙이 되어 작은 알맹이가 된 지금도
하늘에 이끌린 바람 따라
누군가를 지키려 이곳저곳 누비고 있을 거예요

우선 이 작품「소나무」전문에서 볼 수 있는 바와 같이 한양정 시인은 '소나무' 라는 사물에서 우리 인간들 일생의 행로를 제시하는 은유법(隱喩法-metaphor)으로 문장을 구사함으로써 현실과 시적 상상력을 확대하여 우리들 공감을 유로(流露)하고 있다.

'어린 줄기' 에서부터 '가지를 꺾여가며 온전히 / 그 자리를 지키' 다가 '허리가 휘어 지팡이에 의지' 하고 마지막으로 '그들이 흙이 되어 작은 알맹이가 된 지금' 이라는 어조로 인간과 시간의 적절한 조화를 탐구하고 있어서 '소나무' 의 사물적 의미보다는 인간과의 비유적 메시지를 적절하게 현현하고 있다.

이러한 사물의 의인화(擬人化-personification)는 한 사물에 대한 직접적인 표현을 지양하고 추상적인 개념에 인격적인 요소를 부여해서 표현하는 수사법으로 은유의 특별한 시 창작의 형식이라고 할 수 있다.

빨강은 불꽃으로 타오르는 십대의 아름다운 열정을
주황은 가을에 물든 단풍에 취한 노부부의 감탄을
노랑은 순수하고 밝은 어린이들의 함박웃음을
초록은 이제 막 발돋움하는 청춘의 뜨거운 패기를
파랑은 슬픔에 눈물짓는 한 여인의 아픔을

남색은 사십을 넘어선 여유 있는 중년의 성숙함을
보라는 세상에서 가장 자신만만한 이삼십 대의 개성미를

일곱의 인생이 모여 흰색을 이루어
찬란하게 빛날 때
우리의 인생은 가장 아름답다

「무지개」 전문

한양정 시인의 사물관은 다양하다, 이 작품은 '무지개'라는 한 사물에서 유추하는 그의 인생론은 인간마다 서로 다른 개성을 무지개의 일곱 색깔과 대비함으로써 사물의 의인화는 시적 의미를 더욱 명민(明敏)한 어조로 현현하고 있다.

그는 '빨강=십대의 아름다운 열정', '주황=노부부의 감탄', '노랑=어린이들의 함박웃음', '초록=청춘의 뜨거운 패기', '파랑=한 여인의 아픔', '남색=중년의 성숙함' 그리고 '보라=이삼십대의 개성미' 라는 등식(等式)으로 상징(象徵-symbol)하여 자신이 평소에 간직했던 이미지로 표현하고 있다.

그러나 그는 마지막 종결부에서 '일곱의 인생이 모여 흰색을 이루어 / 찬란하게 빛날 때 / 우리의 인생은 가장 아름답다' 는 어조가 정의하듯이 '우리 인생의 가장 아름다움' 의 메시지와 연결하여 시적 효과를 높이고 있어서 한 사물과 우리 인간의 심중(心中)에서 적절하게 상관성을 갖게 하고 있다.

한양정 시인은 '어린아이가 박수치고 / 어른들이 미소 짓는 / 그런 세상을 위해 // 모래성은 살을 깎아 내는 / 아픔에도 온전해야 한다(「모래성」중에서)' 거나 '다섯 손가락 사이로 들어오는 / 햇살들을 살며시 움켜쥐며 / 헤아려 본다(「벚꽃 피는 풍경 찾아서」중에서)' 는 등 그가 응시하거나 관조하는 모든 사물에게서 그만의 특유한정감(情感)이 시적 진실로 형상화하고 있음을 이해할 수 있다.

2. 심리의 보편적 사유 정립

우리 현대시에서 잘 아는 바와 같이 외적인 요소인 사물과 내적인 관념이 조화를 이룰 때 우리는 좋은 시를 발견하게 된다. 이 관념(觀念)은 우리들 마음 깊숙이 잠재되어 있어서 한 시인이 어떤 지향점으로 사유하느냐 혹은 정립되어진 정서의 향방(向方)에 따라서 변용(變容)할 수 있는 각자의 개성과도 연관이 있다.

한양정 시인도 심리적인 보편적 사유에 의해서 그가 지향하려는 감정의 유동(流動)이 다양하게 나타나고 있다. 우선 작품의 제목에서 유추할 수 있듯이 「욕망」, 「희망」, 「생각」, 「화해」, 「기다림」, 「창작의 고뇌」등은 소재 자체가 그의 심리적인 정서가 투영되었음을 이해하게 된다

연기 속 뭉게구름 만들며
반짝 빛나던 불꽃들은

밤을 밝게 비추다가도
금세 달빛에 스며든다

차갑게 식어버린 꽃잎은
앙상한 줄기만 남아
발밑에 떨어질 때

그제서야 가려진 태양을 찾는다

「성찰」 전문

허공을 가르며
날개를 펴고 싶어라

바람을 타고서
하늘 향해 날고 싶어라

답답한 마음
주머니 속 작은 티끌되어
다 보내 주리라

꿈속에서
나는 또 다시
하늘을 향해 날아가리라

「비상」 전문

대체로 관념 이미지로 창작하는 관념시(觀念詩-platonic poetry)는 그 발상은 철학적인 요소들의 표현이나 또는 언어가 내포(內包)하는 내향적(內向的) 정서가 먼저 존재론과 인식론의 근원에서 그 의식의 흐름(stream of consciousness)을 이해할 수 있는데, 이는 그 시인에게 내재된 지적 사유가 바로 자아(自我)라는 자신의 현재성을 의미하고 있다.

한양정 시인은 이와 같이 자아를 인식하는 시적 구조를 읽을 수 있는데 우선 이 '성찰' 의 범주(範疇)가 지적으로 전개되고 있어서 주제의 깊이를 더욱 명확하게 나타내고 있다. '차갑게 식어버린 꽃잎은 / 앙상한 줄기만 남아 / 발밑에 떨어질 때 / 그제서야 가려진 태양을 찾는다.' 는 어조는 자아 인식의 과정을 지나 존재의 의미를 구현하려는 시법이라고 할 수 있다.

한편 '꿈속에서 / 나는 또 다시 / 하늘을 향해 날아가리라' 는 확고한 의지를 '비상' 의 이미지로 형상화하고 있다. 그리고 그는 '날개를 펴고 싶어라' 혹은 '하늘 향해 날고 싶어라' 라는 간절한 기원의 의지도 그의 내면에서 용암(鎔巖)으로 분출하는 자아의 인식이다.

한양정 시인은 다시 그의 심리적인 변환(變換)의 하나로 '지금, 우리는 / 숨조차 버거운 / 자그만 방 속에 앉아 / 하염없이 기다린다. // 떠오를 때까지 / 지칠 때까지 / 통 큰 나무가 썰리는 / 아픔을 느끼려 애쓰며 // 새 싹이 빗물에 /

젖지는 않을까 // 크디큰 나무가 / 홍수에 쓸려가진 않을까 // 슬픈 노래 지저귀는 / 새 한 마리 // 여명과 함께 / 창문이 열리기를 기다린다(「창작의 고뇌」전문)' 거나 '수북한 책갈피마다 / 반짝이는 먼지 // 하얀 먼지를 닦으며 / 따스한 봄을 기다린다(「기다림」중에서)' 와 같이 그는 '기다림'에 익숙해져 있다.

비틀어진 동아줄도
다시 풀면
새끼줄이 된다

구겨진 종잇장도
다시 펴면
연습장이 된다

지워진 글자도
다시 쓰면
시가 된다

한양정 시인은 자신의 소망이나 기원이 숙성된 관념의 세계를 유영(遊泳)하고 있다. 그 중에서도 '시' 가 되는 고뇌가 담겨진 작품 「창작의 고뇌」뿐만 아니라, 「포기란 없다」 전문에서 보는 바와 같이 '동아줄' 과 '종잇장' , 그리고 '글자' 라는 원관념에서 '새끼줄' 과 '연습장' 그리고 '시' 라는 결론으로 작품을 완성하고 담담한 각오를 적시하고 있다.

그는 작품 「화해」에서 ''사랑해' / 사랑한단 말에 / 시들던 꽃잎이 / 피어나고 // '미안해' / 미안하단 말에 / 하늘에 떠 있는 / 햇님도 웃는다' 거나 작품 「마음의 창」에서도 '한 순간 멀어지다가도 / 돌아봐 달라는 듯 / 저 스스로 빛을 내어 울부짖는 // 보이지 않는 유리창' 이라는 어조는 한양정 시인이 궁극적으로 심도(深度)있게 탐색하려는 자아의 발견이다.

3. 시적 화자의 어조와 진실

한양정 시인은 다시 시적 화자에 대한 활용을 많이 하는 편이다. 우리 맞춤법에서 말하는 인칭대명사, 곧 '나' 와 '너,' 그리고 '그' 가 작품을 구성하거나 소재의 발견, 주제의 창출(創出) 등에 많이 활용하고 있다.

네가 빨간 미소 지으면
나는 하얀 미소로 답한다

네가 푸른 눈웃음 보내면
나는 새하얀 포옹으로 너를 안는다

너는 나에게
나는 너에게
서로의 존재가 어긋난 차도(車道) 같지만

네가 떠나는 길이 험한 산길은 아닐지
네가 남는 곳이 가시꽃밭은 아닐지

소복이 쌓인 눈길
조심히 가길

나는 너에게
남겨진 발자국

「나는 너에게」전문

우선 이 작품에서 간과할 수 없는 것은 '나' 와 '너' 의 화자에 대한 설정이 뚜렷하게 나타나고 있다는 점이다. '네가 푸른 눈웃음 보내면 / 나는 새하얀 포옹으로 너를 안는다.' 는 어조와 같이 '네' 와 '나' 는 '서로의 존재가 어긋난 차도(車道) 같지만' 실상은 실재(實在)하는 존재의 '나' 임을 알 수 있다.

이러한 화법(話法)으로 작품을 완성하는 예는 흔하다. 왜냐하면 이 화자의 목소리(tone)는 그에 어울리는 역할(role)도 갖는다. 문학평론가 고(故) 김준오 교수는 그의 저서「시론(詩論)」에서 이 목소리와 역할이 시적 화자의 개성을 육화(肉化)한다고 말한다. 이는 모든 작품에서 현존하는 이런 장치는 필수적인 조건이라고 했다.

이 작품 '나는 너에게' 가 적시하는 의미는 '나는 너에게 / 남겨진 발자국' 이라는 결론으로 유추해보면 결국 '나' 와 '너' 는 동일인인 시인 자신이 사색하거나 정서의 정점(頂點)을 향해 나아가는 지향성의 노출(露出)이라고 이해할 수 있다.

북극성을 이루는 세 점은
너의 올곧은 꿈과 희망
점들이 이어져 별자리를 이루듯
너의 꿈들이 모두 이루어지기를
다른 사람에게도
항상 빛을 비추기를
나는 소망한다

「너에게 전하는 편지」 중에서

그렇다. 여기에서도 '너' 와 '나' 가 시적 화자로 등장한다. 앞의 작품「나는 너에게」와 같이 '너의 올곧은 꿈과 희망' 이 '항상 빛을 비추기를 / 나는 소망한다' 는 톤으로 보아서 동일한 화자임을 알 수 있다. 대체로 화자의 활용은 '나' 를 중심으로 해서 이인칭이나 삼인칭에게 전달하는 구조로 작품이 전개되는데, 한양정 시인은 특이한 시법으로 작품들을 완성시키고 자신이 간직한 내면의 진실을 분사(噴射)하고 있다.

이러한 '나' 는 일인칭 현상적 화자이며 '너' 는 이인칭의 현상적 청자(聽者)로 나타난다. 이 작품에서는 시적 화자가 '너' 에게 말을 전달하는 형식을 취하고 있다. 그렇지만 이 화자를 실제의 한양정 시인과는 동일시할 필요는 없을 것이다. 왜냐하면 모든 창작은 '나' 의 체험과 '나' 의 정서에 의해서 발현되는 것이기 때문에 실제의 '나' 로 유추해

볼 수 있으나 독자(청자)가 판단하거나 느낄 때 우리 주변의 모든 일상의 '나' '나' 너 '로 보편적인 어떤 애정으로 이해하면 좋을 듯 하다.

가까이 가고자 하니
너무 뜨거운 바람이
멀어지고자 하니
너무 차가운 공기가
온기를 찾아
이리저리 여기저기 둘러본다

이곳도 아니
저곳도 아니
찾고자 하는 천상은 어디인가

뜨거우면 뜨거운 대로
차가우면 차가운 대로
서로 다른 곳에서
서로를 바라보며
나누는 온기가
뜨거운 감성이 차가운 지성을 만나
하나가 되는 순간

아늑함의 절정에 다다른다

「절정은 바람을 타고」 전문

이 작품은 이 시집의 표제(表題)가 되는 작품이다. 여기에서는 전혀 화자와 청자가 표면에 노출되어 있지 않고 톤만 있다. 다만, 한양정 시인이 주관적으로 표출하려는 스토리와 메시지만 보인다. 우리가 짐작할 수 있는 것은 '서로 다른 곳에서 / 서로를 바라보며 / 나누는 온기' 라는 개인의 정감만 있을 뿐이다.

이렇게 표면에 나타나지 않는 화자가 누군지 알 수 없는 청자에게 '절정의 바람' 에 대한 함축된 어조와 태도만 전달하고 있다. '뜨거운 감성이 차가운 지성을 만나 / 하나가 되는 순간 // 아늑함의 절정에 다다른다' 는 주관성으로 유추해 보면 이 화자나 청자의 정체(正體-identity)는 이면(裏面)에 감추어져서도 '나' 와 '너' 의 역할을 다하고 있는 것이다.

또한 이 화자가 전해주는 어조는 작품의 내용과는 분리할 수 없다. 우리들이 시적 화자의 목소리에 귀를 기울이는 것은 실제 그 시인의 육성이든 아니면 창조된 소리이든 간에 시를 이해하는 데 가장 유용한 방법이 되기 때문이다.

한양정 시인은 이와 같은 화자의 적절한 활용은 '배려하고 도와주는 / 그런 사랑을 주는 사람이고 싶다(「내가 살아가는 이유」 중에서)' 또는 '내가 가는 곳/ 어디서든 넘어질세라 / 비추어 주는 빛 잔치들(「내가 사는 곳」 중에서)' 그리고 '나와 / 당신을 위해서 / 우리 모두를 위해서 / 날개를 펼칩니다(「날개를 달고서」 중에서)' 는 어조와 같이 화자

'나' 를 중심축에 두고 평범한 사유에서 획득한 진실을 토로(吐露)하고 있다.

4. 자연 서정과 관조의 미학

한양정 시인은 자아를 인식하는 과정에서 다변적인 시적 실험을 거쳤다. 사물의 의인화나 관념 속에 자아의 인식 그리고 시적 화자와 청자의 상호간의 함축된 어조 등을 통해서 많은 작품들의 형태를 파악하고 이해하는 계기가 되었다.

그러나 그가 가장 소중하게 전해주는 서정성을 말하지 않을 수 없다. 그는 천성적으로 서정 시인이다. 그는 이 서정의 세계를 자신의 중심에서 자연 중심으로 시야를 넓혀 가고 있다. 친자연의 경향이다.

따사로이 나른한 오후
아스팔트 열기 속 아지랑이
실타래 되어 피어나고

가로수 플라타너스 잎들
봄빛 받으며 춘곤증에
기지개 켠다

살랑살랑 콧방울
간질이는 봄 향기
시 되어 사랑 되어 가슴 적시고

라일락 꽃 내음 은은한 거리
지나가는 행인들
저마다 행복한 얼굴로 웃는다

「봄이 오는 소리」 전문

특히 한양정 시인은 계절적인 시간성에서 결합한 자연 현상으로 많은 작품과 접맥(接脈)하고 있음을 알 수 있다. 여기 '봄' 이라는 시적 근원은 바로 '봄' 이 갖는 시간성의 화해이다. '봄 향기' 와 '라일락 꽃내음' 등의 후각적(嗅覺的)인 이미지로 봄을 맞이하고 있으나 이것을 종합적으로 융합해 보면 '봄이 오는 소리' 이다.

이 봄에는 '아지랑이' 와 '가로수 플라타나스 잎들 ~ 기지개' 와 '시 되어 사랑' 과 '행복한 얼굴' 등의 시적 상황으로 보아서 봄이 풍기는 이미지가 적절하게 배치되어 있어서 '봄' 과 만유(萬有)의 자연이 교감하는 서정적인 그의 시법을 이해하게 한다.

김준오 교수의 '시론' 에서는 자연과 인간의 상관성에 대해서 자연은 인간의 정서와 사회에 좋은 혜택을 준다는 낙관론이 가능해지는데, 이러한 자연관에 입각한 자연시의 궁극적인 제재(題材)는 신성(神性)이 된다고 한다. 이러한 자연의 존재 근거를 인간정신에 둘 때 자연은 인간적 가치로 충만되고 인간과 자연의 연속성 내지 일체감의 현상이 나타나게 된다는 논지이다.

이런 경우에는 자연 그 자체보다는 자연에 대한 시인의 관계가 더욱 중요해지는데 이는 시론에서 흔히들 말하는 감상적 오류(誤謬)라고 하는 자연의 인격화(앞에서 사물의 인격화와 약간 다름)를 말한다.

김준오 교수는 이러한 인격화에는 먼저 동화(同化-assimilation)가 있다고 했다. 이는 시인이 모든 자연을 자신 속으로 끌어와서 그것을 내적 인격화하는 원리이고 다른 하나는 투사(投射-project)라고 해서 자연 속에 자신을 상상적으로 투여하는 원리로써 낭만적인 자연관의 두 가지 원리가 중요하다는 결론이다.

붉게 물든 바다에
푸르렀던 잎사귀가
노랗게 물든다

지쳐버린 햇살에
밝게 웃던 꽃잎은
앓다 풀이 죽는다

푸른 물살에
꽃잎 한 장 떠나보내면
슬픈 노을이 미소 짓는다

「슬픈 노을」 전문

이 작품에서 한양정 시인은 자연 현상에 대해서 세심(細心)한 응시로 계절이나 식물성에 관한 교감뿐만 아니라, '노을' 과 같은 주변 정황(情況-situation)에서도 민감하게 반응하고 있다. '꽃잎 한 장 떠나보내면 / 슬픈 노을이 미소짓는다' 는 어조에서는 '슬픈 노을' 과 '미소' 가 대칭을 이루면서 역설적(逆說的)인 정감으로 서정성을 표출하려는 시법이 특이하다.

이러한 현상은 작품 전체에서 묘사되어 있는데, '푸르렀던 잎사귀' 가 '노랗게 물' 드는 현상과 '밝게 웃던 꽃잎' 과 '앓다가 풀이 죽는' 현상이 모두 이질적인 상황에서 전개되어 시적인 묘미(妙味)와 더불어 의미의 확산을 탐색하고 있는 듯하다.

또한 작품 「자연의 소리」중에서 '산새 울음소리 / 바람 웃음소리 / 꽃 노랫소리 // 두 눈 감고 / 마음을 모아 / 멈추어 들어 본다' 라거나 작품 「봄비」 중에서 '갈 곳 몰라 슬퍼하는 이 / 함께 울어 주고 싶어서 // 하늘에서 비가 내린다' 는 자연과의 조화를 통한 우리 의식의 정화(淨化)를 형상화하고 있다.

이 밖에도 작품 「한여름의 저녁」, 「앞산의 봄」, 「동해바다」, 「난초 머문 자리에」, 「꿈길 여행」, 「시간 여행」등에서 한양정 시인이 구가(謳歌)하려는 자연서정의 진수(眞髓)를 실현하고 있다.

이 서정시(抒情詩-lyric)의 근원은 옛 그리스에서 일곱

줄 악기인 리라에 맞추어 노래하던 것이었는데, 그 후 시인이 주관적이고 개인적인 정서나 체험을 노래하는 것으로 바뀌었다가 현대에 와서는 사회의 복잡화와 비합리성에 대한 시인의 각성(覺醒), 시인의 자의식에 의한 과학적인 분석 등의 형태를 갖추고 있다.

이제 한양정 첫 시집『절정은 바람을 타고』의 읽기를 마무리 해야겠다. 한양정 시인이 간직한 감성(感性-sensibility-칸트는 오성(悟性)과 감성은 지식을 구성하는 독립된 표상의 능력이라고 했다.)의 척도(尺度)는 타(他)의 추종(追從)을 불허할 만큼 능동적 능력으로 평가할 만하다.

그러나 일찍이 호라티우스가 그의「시론」에서 말한 바와 같이 시는 아름답기만 해서는 모자란다. 사람의 마음을 뒤흔들 필요가 있고 듣는 이의 영혼을 뜻대로 이끌어 나가야 한다는 논지를 가슴 깊이 새겨야 한다. 또한 불란서의 시인 볼테르는 '시는 영혼의 음악이다. 다 더욱 위대하고 다감(多感)한 영혼들의 음악이다' 라고 한 언지도 명심할 필요가 있을 것이다.

한양정 시인에게서 또 하나의 특이한 점은 미국에서 살다가 와서인지 영문학에도 조예가 깊다는 점이다. 이 시집 제1부에서는 'Insatiable Desire, 욕망' 이란 제재 아래 작품「소나무-The pine tree」외 10여 편을 영역시와 함께 수록하여 그의 언어에 대한 월등한 실력으로 우리들의 공감영역을 확대하고 있다.

더욱 많은 사유의 확대와 언어의 탁마(琢磨)를 보강해서 앞으로 좋은 작품 많이 써서 우리 한국문학의 발전에 기여하기 바란다. 시집 출간을 축하한다.